LET ME PLAY
Color by Number™

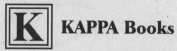

KAPPA Books

Visit us at www.kappapublishing.com/kappabooks

1 - Blue 2 - Red 3 - Orange 4 - Yellow 5 - Black

1 - Brown   2 - Purple   3 - Tan   4 - Red   5 - Green

1 - Yellow 2 - Blue 3 - Red 4 - Green

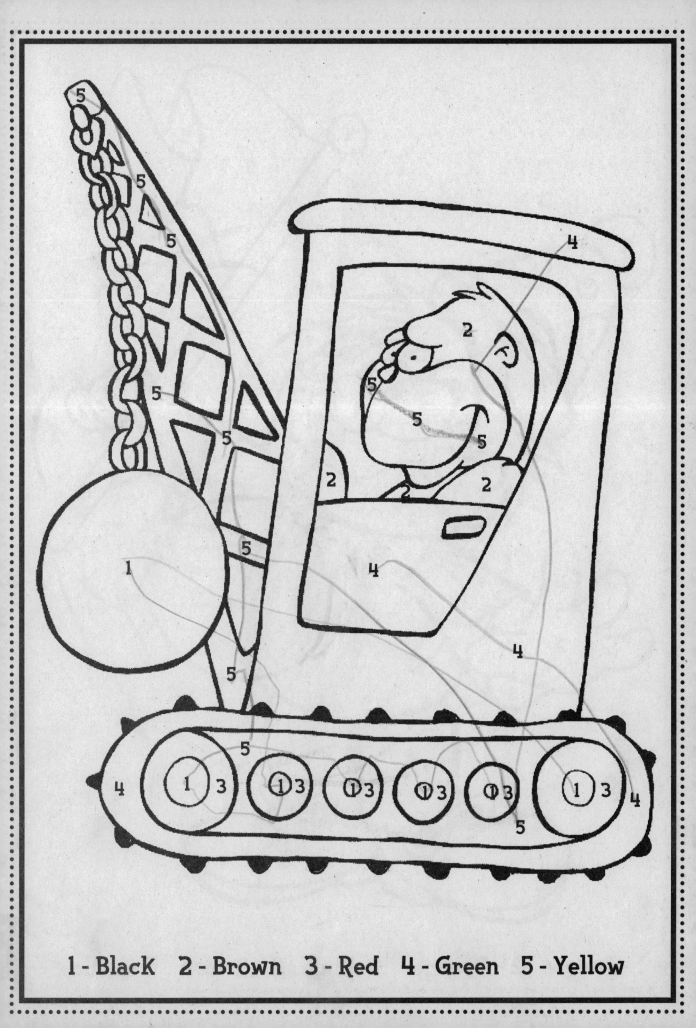

1 - Black   2 - Brown   3 - Red   4 - Green   5 - Yellow

1 - Purple   2 - Orange   3 - Pink   4 - Brown   5 - Yellow

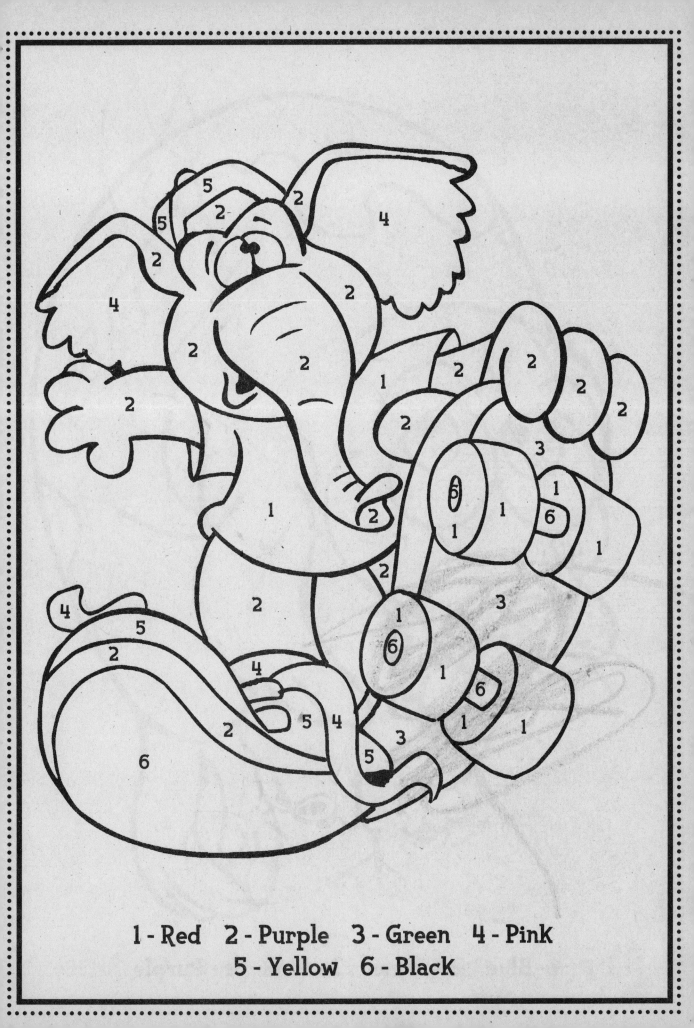

1 - Red   2 - Purple   3 - Green   4 - Pink
5 - Yellow   6 - Black

1 - Blue   2 - Green   3 - Pink   4 - Purple

1 - Brown 2 - Green 3 - Blue 4 - Red
5 - Tan 6 - Yellow

1 - Yellow   2 - Blue   3 - Red   4 - Tan   5 - Black

1 - Purple   2 - Orange   3 - Yellow   4 - Tan
5 - Black   6 - Red   7 - Blue

1 - Purple 2 - Pink 3 - Yellow 4 - Black

1 - Blue   2 - Yellow   3 - Red   4 - Green   5 - Gray

1 - Green   2 - Orange   3 - Blue   4 - Yellow   5 - Black

1-Blue 2-Red 3-Yellow 4-Purple

1 - Brown   2 - Green   3 - Blue   4 - Tan
5 - Yellow   6 - Red   7 - Orange

1 - Gray   2 - Pink   3 - Orange   4 - Brown
5 - Blue   6 - Black

1 - Purple   2 - Red   3 - Brown   4 - Yellow
5 - Black   6 - Tan

1 - Blue 2 - Green 3 - Orange 4 - Yellow 5 - Red

1 - Brown   2 - Tan   3 - Yellow   4 - Red

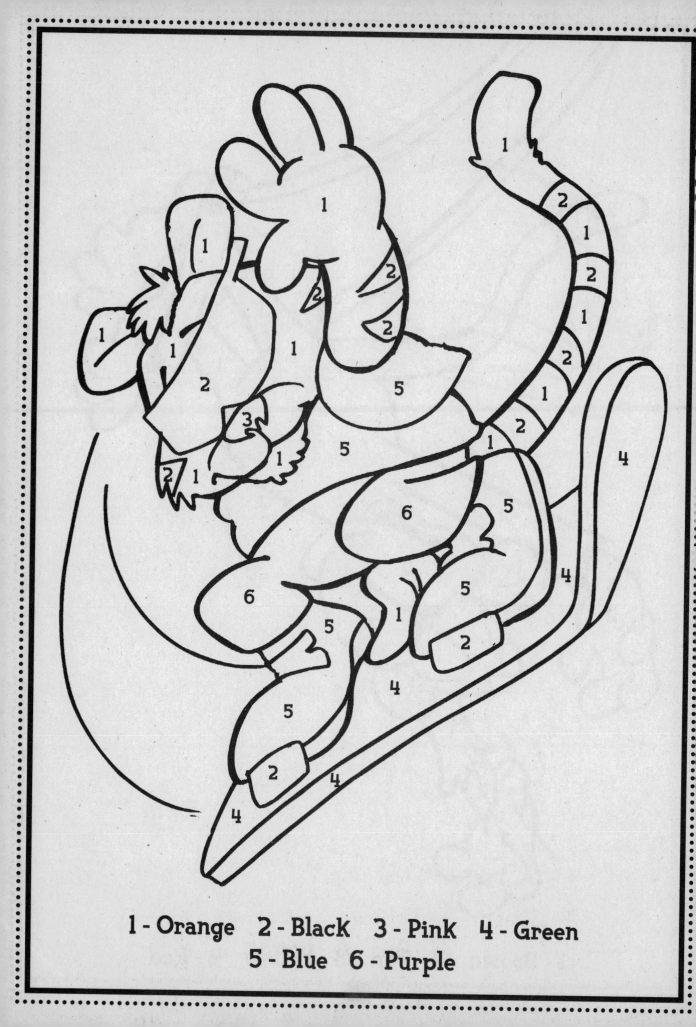

1 - Orange   2 - Black   3 - Pink   4 - Green
5 - Blue   6 - Purple

1 - Green   2 - Yellow   3 - Orange   4 - Tan
5 - Red   6 - Brown

1 - Black   2 - Orange   3 - Brown   4 - Pink
5 - Blue   6 - Red   7 - Green

1 - Yellow   2 - Red   3 - Blue   4 - Tan
5 - Green   6 - Orange   7 - Purple   8 - Brown

1 - Red   2 - Brown   3 - Green   4 - Yellow
5 - Orange   6 - Purple   7 - Tan

1 - Red 2 - Blue 3 - Orange 4 - Green 5 - Black

1 - Pink   2 - Yellow   3 - Purple   4 - Tan   5 - Red

1 - Gray   2 - Red   3 - Blue   4 - Pink   5 - Black

1 - Purple   2 - Red   3 - Yellow   4 - Green

1 - Gray   2 - Brown   3 - Pink   4 - Blue   5 - Red

1 - Orange   2 - Black   3 - Green   4 - Blue
5 - Yellow   6 - Red

1 - Yellow   2 - Red   3 - Blue   4 - Orange
5 - Black   6 - Tan

1 - Gray   2 - Red   3 - Blue   4 - Yellow   5 - Pink

1 - Brown   2 - Tan   3 - Red   4 - Green   5 - Purple

1 - Red   2 - Blue   3 - Yellow   4 - Brown
5 - Orange   6 - Green

1 - Purple   2 - Yellow   3 - Green   4 - Blue   5 - Red

1 - Brown 2 - Tan 3 - Red 4 - Blue 5 - Orange

1 - Pink   2 - Green   3 - Purple   4 - Blue   5 - Red

1 - Black 2 - Green 3 - Blue 4 - Yellow 5 - Orange

1 - Orange   2 - Green   3 - Blue   4 - Red
5 - Black   6 - Tan   7 - Yellow

1 - Brown 2 - Tan 3 - Blue 4 - Purple
5 - Red 6 - Pink 7 - Yellow

1 - Orange   2 - Blue   3 - Yellow   4 - Red

1 - Brown   2 - Blue   3 - Red   4 - Yellow
5 - Gray   6 - Tan   7 - Orange

1 - Blue 2 - Red 3 - Brown 4 - Tan
5 - Orange 6 - Purple

1 - Gray   2 - Pink   3 - Yellow   4 - Black   5 - Red

1 - Brown   2 - Orange   3 - Blue   4 - Red   5 - Tan

1 - Purple   2 - Pink   3 - Red   4 - Brown
5 - Blue   6 - Black

1 - Blue   2 - Orange   3 - Red   4 - Purple

1- Gray   2- Black   3- Red   4- Blue
5- Yellow   6- Brown   7- Pink

1 - Orange 2 - Brown 3 - Purple 4 - Red 5 - Blue

1 - Brown 2 - Tan 3 - Yellow 4 - Red

1 - Yellow   2 - Brown   3 - Orange   4 - Red

1 - Yellow   2 - Brown   3 - Green   4 - Blue   5 - Pink

1 - Orange   2 - Red   3 - Tan   4 - Gray
5 - Purple   6 - Yellow   7 - Brown

1 - Yellow   2 - Purple   3 - Orange   4 - Green

1 - Brown 2 - Red 3 - Blue 4 - Tan
5 - Yellow 6 - Green

1 - Blue   2 - Purple   3 - Yellow   4 - Gray   5 - Black

1 - Purple   2 - Red   3 - Brown   4 - Orange   5 - Green

1 - Orange   2 - Purple   3 - Brown   4 - Yellow   5 - Blue

1 - Red   2 - Black   3 - Blue   4 - Tan   5 - Gray

1 - Purple   2 - Yellow   3 - Red   4 - Blue

1 - Gray   2 - Brown   3 - Green   4 - Yellow   5 - Pink

1 - Yellow 2 - Blue 3 - Red

1 - Brown 2 - Yellow 3 - Tan 4 - Red 5 - Black

1 - Red   2 - Tan   3 - Orange   4 - Blue
5 - Brown   6 - Green

1 - Pink   2 - Green   3 - Orange   4 - Blue   5 - Yellow

1 - Brown   2 - Yellow   3 - Pink

1 - Tan   2 - Red   3 - Brown   4 - Blue   5 - Yellow

1 - Brown 2 - Red 3 - Blue 4 - Brown 5 - Orange

1 - Green 2 - Brown 3 - Yellow 4 - Blue

1 - Black   2 - Green   3 - Gray   4 - Tan
5 - Yellow   6 - Brown   7 - Red   8 - Blue

1 - Gray　2 - Pink　3 - Red　4 - Blue
5 - Green　6 - Yellow　7 - Orange

1 - Brown   2 - Tan   3 - Red   4 - Blue   5 - Black

1 - Purple   2 - Blue   3 - Orange   4 - Green   5 - Yellow

1 - Gray   2 - Blue   3 - Black   4 - Red   5 - Yellow

1 - Green 2 - Blue 3 - Yellow 4 - Tan
5 - Red 6 - Orange 7 - Brown

1 - Yellow   2 - Red   3 - Blue   4 - Green   5 - Brown

1 - Orange   2 - Tan   3 - Yellow   4 - Brown
5 - Black   6 - Blue   7 - Gray   8 - Green

1 - Yellow   2 - Blue   3 - Pink   4 - Purple
5 - Orange   6 - Green   7 - Brown   8 - Red

1 - Brown   2 - Blue   3 - Green   4 - Yellow   5 - Red

1 - Yellow 2 - Red 3 - Blue 4 - Purple
5 - Tan 6 - Green 7 - Brown 8 - Pink

1 - Brown   2 - Red   3 - Blue   4 - Black   5 - Yellow

1 - Brown   2 - Tan   3 - Green   4 - Black
5 - Yellow   6 - Red   7 - Blue   8 - Gray

1 - Brown   2 - Tan   3 - Orange   4 - Blue
5 - Red   6 - Yellow

1 - Purple   2 - Orange   3 - Red   4 - Yellow
5 - Tan   6 - Blue

1 - Yellow   2 - Orange   3 - Blue   4 - Red   5 - Black

1 - Green   2 - Tan   3 - Yellow   4 - Purple   5 - Red

1 - Brown   2 - Pink   3 - Yellow   4 - Red   5 - Blue

1 - Yellow 2 - Red 3 - Blue 4 - Tan
5 - Brown 6 - Orange 7 - Purple 8 - Green

1 - Brown   2 - Tan   3 - Blue   4 - Yellow
5 - Blue   6 - Purple   7 - Orange   8 - Pink

1 - Red   2 - Blue   3 - Orange   4 - Yellow
5 - Purple   6 - Green

1 - Purple 2 - Red 3 - Yellow 4 - Pink
5 - Blue 6 - Green 7 - Orange

1 - Blue   2 - Red   3 - Green   4 - Yellow
5 - Purple   6 - Pink   7 - Brown   8 - Orange   9 - Tan

1 - Gray   2 - Yellow   3 - Red   4 - Blue
5 - Pink   6 - Brown